Michael

Micha Mischa

Mihael Mihal

Mikael Mike Mikel Mikka

Mike

Maik

Mikel

Michel

Miguel

Michael / Michaela

Michael Michaela

Neue Stadt - Namensbuch
Von Wolfgang Bader

Verlag Neue Stadt
München - Zürich - Wien

1. Auflage 2002

Umschlagabbildung: Guariento, Der Erzengel Michael wiegt eine Seele (Palazzo Carrara/Padua), 1350
Gestaltung und Satz: Neue-Stadt-Graphik
Druck: Memminger MedienCentrum, Memmingen
ISBN 3-87996-569-2

Unser Name – ein Stück von uns selbst

Jeder von uns hat einen Namen. Vielleicht haben wir nie erfahren, warum wir gerade diesen Namen bekommen haben. Es kann aber auch sein, dass uns die Eltern erzählten, aus welchen Gründen sie ihn für uns ausgewählt haben: weil er gut klang oder einfach weil er ihnen gefallen hat. Vielleicht wollten sie damit einen Wunsch, eine Hoffnung für ihr Kind zum Ausdruck bringen und es einem oder einer Heiligen anvertrauen. Es kann auch sein, dass damals dieser Name „in“ war. Oder die Wahl fiel gerade deshalb darauf, weil er selten und somit etwas Besonderes war. Vielleicht hieß auch eine bekannte Person oder jemand aus der Verwandtschaft so … Aus welchen Gründen auch immer wir unseren Namen bekommen haben, von klein auf wurden wir mit diesem Namen oder mit einer Abkürzung davon gerufen. Ob uns der Vorname gefällt oder nicht, im Lauf unseres Lebens entwickeln wir ein besonderes Verhältnis zu unserem Namen. Er steht uns viel näher als ein Titel, selbst als der Familienname. Der Vorname ist ein Stück von uns selbst.

Einen Namen haben heißt: Wir sind nicht anonym, wir können angesprochen werden. Wie wichtig kann es in besonderen Momenten sein, wenn jemand unseren Namen kennt und uns persönlich anredet!

Was es mit den Namen Michael und Michaela und den verschiedenen Ableitungen auf sich hat, das wurde in diesem Buch zusammengetragen – nicht als umfassende Dokumentation, sondern als Überblick und Anregung zur weiteren Vertiefung.

Wolfgang Bader

Michael (Detail der Altarretabel von Cambridge, 1320-1325), Simone Martini

Inhalt

Namensgebung und Namenstag

Im Judentum erhielten die Kinder bei der Geburt oder Beschneidung von ihren Eltern meist den Namen der Großmutter oder des Großvaters. Es waren Namen, die eine bestimmte Bedeutung hatten, so genannte Satznamen, zum Beispiel Jesus (= Gott rettet).

In der frühen Christenheit bekamen die Kinder meist die damals üblichen griechischen oder römischen Namen. So gab es Christen, die sogar wie heidnische Götter hießen: Apollinaris oder Dionysius. Andere heidnische Namen wurden umgedeutet, zum Beispiel Felix, der Gesegnete, oder Renata, die Wiedergeborene. Um zu zeigen, dass man Christ war, hat man auch neue

Namen geprägt. Kinder christlicher Eltern hießen dann Christian, Cyrillus (vom griechischen Kyrios, der Herr) oder Dominikus (dem Herrn zugehörig, vom lateinischen Dominus, Herr).

Im 4. Jahrhundert kamen – zuerst in den östlichen Kirchen – die biblischen Namen auf, von Aposteln oder Märtyrern: Petrus/Petra, Paulus/Paula, Stephanus/Stephanie.

Seit dem 13. Jahrhundert wurden Kinder oft nach Heiligen benannt, die ihnen Vorbild und Fürsprecher sein sollten.

Der Namenstag, der in den Kalendern angegeben wird, ist meist der Tag, an dem der Namenspatron gestorben ist. Seit dem 16./17. Jahrhundert wird dieser Tag besonders von katholischen Christen als Namenstag gefeiert.

Bedeutung und Verbreitung

Der Name Michael ist ein hebräischer Name aus der Bibel. Er bedeutet: Wer ist wie Gott?

Seit dem Mittelalter hat sich der Name Michael weit verbreitet. Im deutschen Sprachraum wird er seit den vierziger Jahren des vergangenen Jahrhunderts sehr gern vergeben. 1998 lag Michael in Österreich auf Platz 2 und im Jahr 2000 auf Platz 3 der beliebtesten Vornamen. In der Schweiz gehörte Michael von 1996 bis 1998 zu den Top Ten der Namen, die einem Kind gegeben wurden. Michelle gehörte in Deutschland in den Jahren 1997 und von 1999 bis 2001 zu den zehn beliebtesten Namen, in

Österreich im Jahr 2000 und in der Schweiz von 1994 bis 1999.

Auch in den USA ist Michael weit verbreitet, im Jahr 2001 war er der zweitbeliebteste Vorname.

Namenstag

Wer Michael oder Michaela heißt, hat am 29. September Namenstag: am Fest des Erzengels Michael.

Da dieser Engel in der ganzen jüdischen und christlichen Welt bekannt ist, haben auch die Namen Michael und Michaela in vielen Ländern Eingang gefunden. Die Übersicht auf den beiden folgenden Seiten zeigt, wie die Namen in verschiedenen Sprachen geschrieben werden.

Michael in europäischen Sprachen

Baskisch: Mikel

Dänisch: Mikael, Mickel, Mikkel

Englisch: Mike, Mick, Mich

Finnisch: Mikko, Mika

Französisch: Michel, Michon

Italienisch: Michele

Katalanisch: Miquel

Niederländisch: Michiel

Polnisch: Mihal

Portugiesisch: Miguel

Russisch: Michail, Mischa

Schwedisch: Mikael, Mickel, Mikkel

Slawisch: Michal, Michail

Spanisch: Miguel

Ungarisch: Mihály

Michaela in europäischen Sprachen

Baskisch: Mikela

Dänisch: Mikala

Englisch: Michaeline, Michelle

Finnisch: Mikka

Französisch: Michelle, Micheline

Italienisch: Micaela, Michela

Portugiesisch: Miquela

Schwedisch: Mikaela

Slawisch: Mihala, Mihaela, Michalina

Spanisch: Micaela, Miquela

Ungarisch: Mihaéla, Mihály

Bekannte Namensträger

Zwei byzantinische Kaiser hießen Michael. Michael I. Rhangabe regierte nur zwei Jahre, von 811 bis 813, und Michael VIII. Palaiologos (1258-1282) war der Gründer des letzten byzantinischen Herrscherhauses. Mit der Rückeroberung Konstantinopels im Jahr 1261 endete das Lateinische Kaiserreich.

Ein russischer Zar

Michail Fjodorowitsch wurde im Jahr 1613 16-jährig zum Zar von Russland gewählt. In die Regierungszeit des Begründers der Romanow-Dynastie, die bis 1917 in Russland herrschte, fiel der Friedensschluss mit Schweden (1617), der Waffenstillstand mit Polen (1618) und der Abschluss des „Ewigen Friedens“ (1634). Am 23. Juli 1645 ist Zar Michail in Moskau gestorben.

Ein polnischer und ein rumänischer König

In Polen regierte von 1669 bis 1673 König Michael Korybut Wisniowiecki. 1670 hat er Eleonore, die Schwester Leopolds I. von Habsburg, geheiratet. Der rumänische König Michael musste 1947 unter dem Druck der Kommunisten abdanken. 50 Jahre später durfte er Rumänien erstmals wieder besuchen.

Michail Sergejewitsch Gorbatschow

(Abb. oben rechts): Der 1931 in der russischen Region Stawropol geborene Politiker war von 1985 bis 1991 Generalsekretär der Kommunistischen Partei der Sowjetunion und von 1988 bis 1991 Staatsoberhaupt der UdSSR. Durch den Friedensnobelpreisträger (1990) wurden die russischen Wörter

Perestroika und Glasnost in aller Welt bekannt.
Seine Unterschrift zum so genannten Zwei-plus-Vier-Vertrag ermöglichte die deutsche Wiedervereinigung.

Der Philosoph und Historiker Michel Foucault, 1926 in Poutiers (Frankreich) geboren, beschäftigte sich mit der Frage, ob die traditionellen Denkmodelle ausreichen, um die neuen Machtstrukturen und Kontrollsysteme der abendländischen Gesellschaft zu erklären. Er starb 1984 in Paris.

Der Maler und Bildschnitzer Michael Pacher (um 1435 bis 1498) gehört zu den bedeutendsten Vertretern der deutschen Spätgotik. Seine Altarwerke, Bildtafeln und geschnitzten Figuren beeinflussten Albrecht Altdorfer und die gesamte Donauschule.

Vier grosse Schriftsteller …

Der französische Schriftsteller und Philosoph Michel Eyquem de Montaigne (1533-1592) gehört zu den bedeutendsten Autoren der französischen Renaissance. Er begründete die literarische Form des Essay als eigenständige literarische Gattung.

Der Spanier Miguel de Cervantes Saavedra (1547-1616) ist der Autor von Don Quijote, einem der bedeutendsten Romane der Weltliteratur. Das Werk wurde in alle modernen Sprachen übersetzt und ist in über 700 Ausgaben erschienen. Don Quijotes Kampf gegen Windmühlen wurde zum Thema von vielen künstlerischen Darstellungen, Opern, Ballettversionen, Filmen und Musicals.

Michail Afanasjewitsch Bulgakow (1891-1940) gab seinen Arztberuf auf, um sich ganz der Schriftstellerei zu widmen. Doch in seiner Heimat, der Sowjetunion, wurde ihm 1930 die Veröffentlichung seiner Werke verboten.

Erst zwanzig Jahre nach seinem Tod konnten seine Satiren und Romane (Der Meister und Margarita, 1966) in Russland erscheinen.

Der 1929 in Garmisch-Partenkirchen geborene MICHAEL ENDE war vielseitig begabt. Er arbeitete als Schauspieler, Kabarettist und Filmkritiker. Weltberühmt wurde er mit den Romanen *Jim Knopf und Lukas, der Lokomotivführer* (1960), *Momo* (1973) und *Die unendliche Geschichte* (1979). 1995 ist Michael Ende in Stuttgart gestorben.

DIE NATURWISSENSCHAFTLER …

MICHEL JOSEPH DE MONTGOLFIER (1740-1810) erfand zusammen mit seinem Bruder Étienne Jacques den Heißluftballon. 1783 stieg ein aus Leinwand gefertigter Ballon 1.800 Meter hoch. Er war mit Papier gefüttert und mit einem Hanfnetz überzogen. Erwärmt wurde er mit glühender Holzkohle.

Der britische Physiker und Chemiker MICHAEL FARADAY (1791-1867) wurde vor allem wegen seiner Entdeckungen auf dem Gebiet der elektromagnetischen Induktion berühmt (Faradayscher Käfig).

SCHAUSPIELER, die den Namen Michael tragen, gibt es so viele, dass hier nur einige aufgezählt werden können: Michael Degen, Michael Caine, Michael Ande, Michael Douglas, Michel Piccoli und Michel Serrault.

ZWEI SUPERSTARS haben die Rock- und Popmusik geprägt: Der 1943 im englischen Dartford geborene Sänger und Komponist der „Rolling Stones" MICK JAGGER und der 1958 in Gary (Indiana) geborene Sänger, Komponist und Tänzer MICHAEL JACKSON.

VIELE GROSSE SPORTLER …

MICHEL PLATINI, „Frankreichs Fußballspieler des Jahrhunderts", wurde 1955 in Lothringen geboren. In den 80er Jahren gehörte er zu den weltbesten

Mittelfeldspielern, von 1988 bis 1992 war er Trainer der französischen Fußballnationalmannschaft.

Der 1963 in North Carolina geborene, 1,98 m große Basketballspieler MICHAEL JORDAN gewann 1984 und 1992 mit seinem Team die Goldmedaille bei Olympischen Spielen.

Der wegen seiner Ausspannweite von 2,25 Metern „Albatros“ genannte Schwimmer MICHAEL GROSS war dreimal Olympiasieger, fünfmal Weltmeister und dreizehnmal Europameister. Der 1964 in Frankfurt geborene Athlet stellte zwölf Weltrekorde, 24 Europarekorde und 67 deutsche Rekorde auf.

Der 1964 in Villava (Spanien) geborene Radrennfahrer MIGUEL INDURAIN konnte als bisher einziger Sportler fünfmal hintereinander (1991-1995) die Tour de France gewinnen. Bei den Olympischen Spielen 1996 in Atlanta holte er sich die Goldmedaille im Einzelzeitfahren.

Der Boxer MIKE TYSON, 1966 in New York geboren, war in den Jahren 1986 bis 1990 und 1996 Profiweltmeister im Schwergewicht.

MICHAEL JOHNSON. Der 1967 in Dallas (Texas) geborene Leichtathlet gewann über 200 und 400 Meter fünf olympische Goldmedaillen und neun Weltmeistertitel.

1968 wurde in Pinneberg MICHAEL STICH geboren. Der Tennisspieler, der Platz drei auf der Weltrangliste erreichte, gewann 1991 (gegen Boris Becker) und 1992 (im Doppel mit John McEnroe) das Wimbledonturnier.

MICHAEL VON GRÜNINGEN. Der 1969 in Schönried bei Bern geborene Skirennläufer war zweifacher Weltmeister im Riesenslalom und dreifacher Gewinner des Riesenslalomweltcups.

Der finnische Rennfahrer MIKA HÄKKINEN (1968 in Helsinki geboren) war 1998 und 1999 Formel-1-Weltmeister.

Sein ein Jahr jüngerer Kontrahent, der Kerpener MICHAEL SCHUMACHER, mehrfacher Formel 1-Weltmeister, gehört zu den erfolgreichsten Piloten in der Geschichte des Automobilsports.

Heilige namens Michael

(in Klammern: Gedenktag)

– Michael Febres Cordero (1854-1910) vom Orden der Christlichen Schulbrüder (9. Februar).

– Der selige Michael Rua (1837-1910), Nachfolger Don Boscos als Ordensoberer der Kongregation der „Salesianer Don Boscos“ (6. April).

– Miguel de los Santos (1591-1625), spanischer Ordensmann (10. April), wegen seiner Gabe der Beschauung „El Extático“ genannt.

– Der Franzose Michael Garicoits (1797-1863), Gründer einer Kongregation, die sich der Erziehung und der Seelsorge widmete (14. Mai).

– Der selige Franziskanermönch Michael Kolland aus Ramsau im Zillertal (1827-1860, Ordensname: Engelbert) wirkte in Damaskus, wo er mit sieben anderen Franziskanern bei einem Überfall moslemischer Drusen auf das Kloster ermordet wurde (Gedenktag 10. Juli).

Bekannte Namensträgerinnen

… aus der Welt des Films:

Michèle Morgan, eigentlich Simone Renée Roussel, wurde 1920 in Neuilly-sur-Seine (Frankreich) geboren. An der Seite von Jean Gabin, Humphrey Bogart, Frank Sinatra, Gérard Philippe und Marcello Mastroianni war sie in den 50er Jahren ein gefeierter Publikumsliebling.

Michaela May, 1952 in München geboren, gehört zu den beliebtesten TV-Darstellerinnen (Münchner G'schichten, Monaco Franze, Meister Eder und sein Pumuckl, Polizeiruf 110).

Die 1957 in Kalifornien geborene Michelle Pfeiffer war in den 80er und

90er Jahren des vergangenen Jahrhunderts ein gefragter Star des Hollywoodkinos. 1993 erhielt sie den Silbernen Bären der Berliner Filmfestspiele.

… aus der Welt des Sports:

Die 1973 in Wien geborene Skiläuferin Michaela Dorfmeister gewann 2001 den Weltmeistertitel in der Abfahrt.

Die Eiskunstläuferin Michelle Kwan, 1980 in Torrance (Kalifornien) geboren, war viermal Weltmeisterin, das erste Mal als Fünfzehnjährige im Jahr 1996.

Micheline Lannoy war Weltmeisterin und Olympiasiegerin im Paarlauf.

Mit fünfzehn Jahren stellte die Australierin Michelle Ford 1978 einen neuen Weltrekord über 800 Meter Freistil auf, 1980 war sie in dieser Disziplin auch Olympiasiegerin.

Ein außergewöhnliches Doppeltalent hatte Micheline Ostermeyer. 1948 gewann sie bei den Olympischen Sommerspielen Gold im Kugelstoßen und Diskuswerfen und Bronze im Hochsprung. Nach Beendigung ihrer sportlichen Laufbahn machte sie sich als Pianistin vor allem durch ihre Rachmaninow-Interpretationen einen Namen. Sie starb 78-jährig im Jahr 2001.

… und eine Heilige:

Als Heilige und Mystikerin verehrt wird die Franziskanerin Michelina Metelli, die im 14. Jahrhundert in Italien (Pesaro) lebte. Ihr Gedenktag ist der 19. Juni.

Michael in Ortsnamen

In Deutschland:

Michaelisbruch (16845)
Michaelsdorf (18356)
Michaelsdorf (23779)
Michaelstein (38889)
Michaelshof (73235)
Michaelsberg (74389)
Michaelsberg (74831)
Michaelhölzl (84573)
Michaelspoppenricht (92284)
Michaelsbuch (94569)

In Österreich:

St. Michael am Bruckbach (3352)
St. Michael (3610, 4502)
Michaelnbach (4712)
Michaelbeuern (5152)
St. Michael im Lungau (5582)
St. Michael (6060, 6143)
Michaelerbergen (7535)
St. Michael im Burgenland (7535)
Michaelerberg (8962, 8965)

St. Michael am Zollfeld (9063)
St. Michael ob der Gurg (9064)
Michaelerberg (9102)
St. Michael (9112, 9143)
Michaelerberg (9371)
St. Michael (9411)
Michaelsdorf (9431)
St. Michael (9500)

In vielen Ländern gibt es Orte, die den Erzengel Michael in ihrem Namen tragen, zum Beispiel in Bulgarien (Michajlowgrad), in Finnland (Mikkeli) oder in El Salvador (San Miguel). In Frankreich heißen etwa 150 Orte St. Michel.

Engel

In der Bibel wird oft von Engeln gesprochen. Doch auch in Texten aus Babylonien oder Assyrien, die bis ins vierte Jahrtausend vor Christus zurückreichen, kommen Engel vor. Darin drückt sich aus, dass Menschen in ihrer sichtbaren Welt etwas erlebt oder erahnt haben, was unsichtbar ist. Etwas, das mit Gott in Verbindung steht und zugleich dem Menschen nahe ist. Die Erde, die Sterne, die Menschheit sind nur ein Teil dessen, was Gott geschaffen hat. Er hat auch persönliche Geistwesen ins Dasein gerufen, mit denen wir verwandt sind, die aber auch anders sind als wir: die Engel.

Erzengel Gabriel (Detail der „Verkündigung“, San Marco/Florenz, um 1437-1446), Fra Angelico

Engel sind Boten

Engel sind älter als die Religionen, und sie kommen auch zu den Menschen, die von Religionen nichts (mehr) wissen.
„Engel" (angelos) ist ein griechisches Lehnwort (lateinisch: angelus) und bedeutet zunächst einfach Bote. Es wurde zum Begriff für himmlische, göttliche Boten.

Engel sind Geistwesen, Gestalten, die den Menschen eine göttliche Botschaft bringen. Aus der gleichen griechischen Wurzel kommt das Wort „Evangelium" (euangelion), das gute Nachricht, frohe Botschaft bedeutet. Der Bote und die Nachricht sind aber nicht loszulösen vom „Sender". So geht in den Erzählungen der Bibel die Gestalt eines Engels manchmal bruchlos über in den Sprechenden selbst, in Gott.

Engel am Thron Gottes

Ein bedeutender König im alten Orient hatte einen großen Hofstaat mit vielen Dienern und Beratern. Wie ein solcher König, nur größer und ohne Schwächen, stellte man sich auch Gott vor. Ein solches Idealbild von Gott als König fand auch in der Bibel Eingang. Und damit auch die Vorstellung von einem himmlischen Hofstaat. Dem göttlichen König dienen viele Engel, die in Ordnungen und Ränge unterteilt sind.

Die Engel um Gottes Thron haben in der Bibel viele Namen. Sie heißen Götter, Gottessöhne, Helden oder Heilige. Auch Fürsten, Mächte oder Gewalten werden sie genannt. Sie schauen, was Menschen nicht möglich ist, das Angesicht Gottes, ihn beten sie an, ihn loben sie.

Geflügelte Wesen

Es ist schon ein „geflügeltes Wort“, dass Engel keine Flügel haben. Doch bereits die griechische Mythologie kannte und zeigte fünfhundert Jahre vor Christus geflügelte Engelwesen. Hermes ist geflügelt und auch die Siegesgöttin Nike. Engel werden meist mit Flügeln dargestellt, denn sie müssen immer große Entfernungen zurücklegen – vom Himmel zu allen Punkten der Erde und wieder zurück. Da Engel keinen Leib haben, gibt es für sie weder die Grenzen des Raumes noch die der Zeit. Ihr Bereich, ihre Welt kennt keine Höhe und Tiefe, keine Weite und keine Enge. Sie können überall hin – mit ihren „Flügeln“.

Menschen sind wie Engel

Zu jemand, der uns etwas Gutes getan hat, das wir nicht erwartet hatten, und der davon kein Aufhebens machte, sagen wir: „Du bist ein Engel!" Auch in der Bibel werden Menschen als Engel bezeichnet. Zu David sagt der Philisterfürst Achisch: „Mir bist du teuer wie ein Engel Gottes" (1 Sam 29,9). Eine Magd bezeugt von ihrem Herrn: „Mein König ist wie der Engel Gottes. Er weiß alles, was im Land geschieht" (2 Sam 14,17.20). Und von Stephanus, dem ersten christlichen Märtyrer, wird gesagt: Er hatte das Gesicht eines Engels (vgl. Apg 6,15).

Engel sind lieb und schrecklich

Engel musizieren und singen, tragen eine zarte Lilie in der Hand, schweben zwischen Himmel und Erde auf und ab. Sie beschützen die Menschen, besonders die Kinder.

Doch wenn Engel erscheinen, so wird in der Heiligen Schrift berichtet, bekommen Menschen oft Angst. Wie es eben ist, wenn man Gott oder einem seiner Boten begegnet.

Sehen „Esel“ tiefer?

Es gab, so erzählt die Heilige Schrift (vgl. Num 22), einen blinden Seher namens Bileam. Dieser wurde vom König von Moab bedrängt, das durch sein Land ziehende Heer der Israeliten zu verfluchen. Bileam wollte eine solche Aufgabe nicht annehmen. Doch die Leute des Königs ließen ihm keine Ruhe, bis er schließlich aufstand, seinen Esel sattelte und mit dem König den Israeliten entgegenzog. Unterwegs stellte sich ihm der Engel des Herrn in den Weg, doch der Blinde merkte es nicht.

Nur der Esel sah den Engel. Er ging vom Weg, um dem Engel auszuweichen. Da wurde Bileam zornig und schlug auf den Esel ein. Nachdem er das dreimal getan hatte, sagte der Esel zu Bileam: Was habe ich dir getan, dass du mich schon zum dritten Mal schlägst? – Da öffnete der Herr dem Bileam die Augen. Nun sah auch der „Seher“, was der Esel längst erkannt hatte: den Engel des Herrn. Dieser

tadelte Bileam, weil er das Tier so gequält hatte. Und Gott selber sprach zu Bileam: Verfluche das Volk Israel nicht, sondern sprich Segenswünsche über es aus.

Erzengel

In der Bibel werden drei Engel mit Namen genannt: Michael (der mit dem Schwert), Gabriel (der mit dem Botenstab) und Raphael (der mit der Arznei). Diese drei werden Erzengel genannt.

Der hebräische Name Gabriel bedeutet: Gott zeigt sich stark, „Kraft Gottes". Gabriel ist der Bote Gottes schlechthin, er erklärt dem Propheten Daniel den Sinn der Geschichte Gottes mit den Menschen (Dan 8,16; 9,21) und kündet dem Priester Zacharias an, dass seine Frau Elisabet noch im hohen Alter einen Sohn bekommen wird. Johannes, wie sie ihn nannten, wurde als der Täufer bekannt. Und es ist wiederum der Erzengel Gabriel, der einer jungen Frau aus Nazaret die gute, unerwartete Botschaft bringt, dass sie Mutter Jesu, des Sohnes Gottes, wird.

Erzengel-Ikone

RAPHAEL (hebräisch: Gott hat geheilt, „Arznei Gottes") erscheint in der Heiligen Schrift in menschlicher Gestalt. Er begleitet den jungen Tobias und schützt ihn vor Gefahren. Und er heilt dessen Vater Tobit von seiner Blindheit.

Koptische Michaelsikone,
Byzantinisches Museum, Athen

Der Erzengel Michael

Die von Gott erschaffenen Engel haben keinen Leib, aber einen freien Willen. Sie können Entscheidungen fällen, also auch nein sagen zu dem, was Gott will.

Der Engelsturz

Eine sehr alte Geschichte, die in die Bibel Eingang gefunden hat (Gen 6), erzählt: In der Frühzeit, als sich die Menschen über die Erde hin zu vermehren begannen, sahen die Engel, wie schön die Menschentöchter waren. Und sie nahmen sich von ihnen Frauen, wie es ihnen gefiel.

Den Engeln, die Gott nicht gehorsam waren, trat Michael, der Anführer des himmlischen Heeres entgegen. Er kämpfte gegen Luzifer, der einmal der höchste der Engel war. Und er rief den abtrünnigen Engeln zu: „Wer ist wie Gott?“ Gibt es denn jemand von seinen Geschöpfen, der so gut ist wie er?

Es kam zu einem heftigen Streit. Michael gelang es, Luzifer und seine Engel zu besiegen und aus dem Himmel zu werfen. Die bösen Engel stürzten in das ewige Feuer, in einen See von brennendem Schwefel, in der Bibel Gehenna (Hölle) genannt. Doch seitdem hat der Kampf zwischen den guten Engeln und Satan kein Ende gefunden.

Im letzten Buch der Heiligen Schrift wird dieser Kampf in bildhafter Rede dargestellt – mit dem Ausblick, dass es am Ende der Zeit einen neuen Himmel und eine neue Erde geben wird. „Da entbrannte im Himmel ein Kampf; Michael und seine Engel erhoben sich, um mit dem Drachen zu kämpfen. Der

Erzengel Michael
(Detail der Deckenfresken der Kapelle der Eleonore da Toledo im Palazzo Vecchio/Florenz, 1540/41), Angelo Bronzino

Drachen und seine Engel kämpften, aber sie konnten sich nicht halten und sie verloren ihren Platz im Himmel. Er wurde gestürzt, der große Drache, die alte Schlange, die Teufel oder Satan heißt und die ganze Welt verführt; der Drache wurde auf die Erde gestürzt und mit ihm wurden seine Engel hinabgeworfen“ (Offb 12,7-9).

Michael tritt für sein Volk ein

In einem Buch der Bibel ist von den Visionen Daniels die Rede, der mit Freunden und vornehmen Judäern nach Babylonien verschleppt wurde. Dort hatte Daniel Offenbarungen, die ihm die Geschichte seines Volkes, die himmlische Welt und das Ende der Geschichte zeigten. Daniel verstand, dass Gott der Herrscher der Welt ist und es auch bleibt, selbst wenn das auserwählte Volk machtlos und geschwächt ist. Auf den Wolken des Himmels, so „sieht“ es Daniel, wird der Menschensohn kommen, die Gerechten werden am Ende der Zeit von den Toten auferstehen und bei Gott sein. In seiner letzten Offenbarung verstand Daniel, dass „Michael, einer der ersten unter den Engelfürsten" (Dan 10,13.21), ihm tatkräftig im Kampf gegen das Reich der Perser helfen wird. Und am Ende der Zeiten wird er wieder auftreten, um für sein Volk einzutreten (Dan 12,1). Wie Michael also am Anfang der Zeiten seine Aufgabe hatte, so wird er sie auch am Ende haben. Er wird seine Trompete blasen zum Gericht, und mit seiner Posaune wird er die Toten aus ihren Gräbern aufwecken. Er wird im endzeitlichen Kampf den Drachen zu seinen Füßen töten. So beschreibt es der Seher Johannes (vgl. Offb 12,4-7).

Daher gilt Michael als der Seelengeleiter, der die Verstorbenen im Paradies empfängt. Doch zuvor stellt er mit einer Waage fest, ob das Gewicht ihrer Güte ausreicht für den Einzug in den Himmel (siehe Seiten 54 und 56).

Was dem Erzengel Michael sonst noch zugeschrieben wurde …

Neben diesen biblischen Aussagen hat die Legende dem Erzengel Michael viele weitere Aufgaben zuerkannt.

Michael soll der Engel mit dem Schwert gewesen sein, der Adam und Eva aus dem Paradies vertrieb und den Lebensbaum bewachte.

Er soll Seth einen Zweig vom Baum der Erkenntnis gereicht haben.

Er soll Hagar, der von Abrahams Frau Sara vertriebenen Magd, die Quelle zur Rettung ihres Lebens und des Lebens ihres Sohnes gezeigt haben.

Er soll einer der drei Männer gewesen sein, die Abraham bei Mamre besuchten. Und er soll Abraham daran gehindert haben, den Isaak zu töten.

Michael soll es auch gewesen sein, der mit Jakob rang.

Er soll beim Auszug aus Ägypten das Rote Meer geteilt, Israel ins gelobte

Land geführt und mit dem Teufel um die Seele des Mose gerungen haben.

Als Retter soll er den drei Jünglingen im Feuerofen erschienen sein.

Schließlich soll er Habakuk an den Haaren über die Löwengrube gehalten haben.

Der Jakobskampf,
Rembrandt Hamensz van Rijn (1606-1669)

Die Verehrung des heiligen Michael

Der Erzengel Michael wurde zuerst in der Ostkirche verehrt. Nachdem im 5. Jahrhundert einige Hirten berichtet hatten, auf dem Monte Gargano (an der süditalienischen Adriaküste) sei ihnen der heilige Michael erschienen, verbreitete sich seine Verehrung sehr schnell in Italien und im übrigen Abendland.

Mitte des 5. Jahrhunderts weihte Papst Leo I. in Rom eine Kirche dem heiligen Michael.

Im Jahr 709 hatte Bischof Autbert in einer Vision den heiligen Michael auf einem Felsen im Atlantik gesehen. Er ließ auf einer Granitinsel vor der Normandie eine Wallfahrtskirche errichten. Die seit 996 bestehende Benediktinerabtei ist ein einzigartiges Denkmal mittelal-

terlicher Kloster- und Festungsarchitektur. Seit 1879 ist Mont-Saint-Michel durch einen Damm mit dem Festland verbunden.

Michael war der Schutzherr der Franken und des Heiligen Römischen Reiches Deutscher Nation.

Dem Erzengel Michael sind allein in Deutschland über fünfhundert Kirchen geweiht, hinzu kommen viele Friedhofs- und Burgkapellen.

Die St. Michaelskirche zu München

Die evangelische Hauptkirche St. Michaelis in Hamburg ist das alte Wahrzeichen der Hansestadt und wird von ihren Bewohnern liebevoll „Michel“ genannt.

Weithin sichtbar grüßt der Kirchturm die auf der Elbe aus- oder einfahrenden Schiffe vom Geestrücken über dem Hafen.

Der Michaelstag, 29. September

Der Michaelstag war ursprünglich der Weihetag der Michaelskirche an der Via Salaria in Rom.

Auf der Mainzer Synode 813 wurde das Fest durch Ludwig den Frommen (788-840), den Sohn Karls des Großen, auf den Tag gelegt, an dem die Germanen bisher ihren Gott Wotan verehrt hatten.

Seit 1969 ist der 29. September der gemeinsame Gedenktag der Erzengel Michael, Gabriel und Raphael.

Auch evangelische Christen feiern den 29. September als „Tag des Erzengels Michael und aller Engel“.
Der Michaelstag am Ende der Erntezeit war als Wetter-, Los- und Zinstag zum Ende des Vierteljahres den Bauern wichtig. Daher sind bis heute Erntebräuche und Jahrmärkte mit dem Michaelstag verbunden, zum Beispiel der Dürkheimer MICHAELISMARKT, der im Volksmund allerdings Wurstmarkt heißt.

Am Michaelstag zündete man früher MICHAELSFEUER an, als Zeichen dafür, dass von nun an mit Kunstlicht gearbeitet werden muss. „Mariä Lichtmess (2. Februar) bläst das Licht aus, Sankt Michael zündet´s wieder an“, lautet ein volkstümlicher Spruch, in dem dies festgehalten wurde.

Am Niederrhein und in England wurde am „Ernteschmausfest“ die MICHAELIGANS verzehrt. In den südlichen

Gebieten Deutschland hieß sie Lichtgans oder Lichtbraten, weil am Michaelitag die Arbeit bei Licht begann.

Eine Touristenattraktion ist der Michaelstag in Augsburg. Jedes Jahr aufs Neue kann man dort den „Kampf" des Erzengels mit dem Drachen erleben: Im untersten Fenster des Perlachturms am Rathausplatz erscheint jeweils zur vollen Stunde die Michaelsfigur, das „TURAMICHELE", und ersticht den am Boden liegenden Drachen.

BAUERNREGELN
FÜR DEN 29. SEPTEMBER

Regnet's sanft am Michelstag,
sanft der Winter werden mag.

Kommt Michael heiter und schön,
wird's noch vier Wochen so geh'n.

Vor Michel sä' mit halber Hand,
dann aber streu mit ganzer Hand!

Um Michaeli in der Tat
gedeiht die beste Wintersaat.

Es holt herbei Sankt Michael
die Lampe wieder und das Öl.

Michaelis Wein
wird süß und fein.

Bringt Sankt Michael Regen,
kannst du gleich den Pelz anlegen.

Ein Baum gepflanzt Sankt Michael,
der wächst von Stund' an auf Befehl.

Bringt Michael
Wind aus Nord und Ost,
bedeutet's starken Winterfrost.

Guariento, Der Erzengel Michael wiegt eine Seele (Palazzo Carrara/Padua), 1350

Aufgrund solcher Vorstellungen wurde Michael zum Patron der Waagenhersteller wie auch der Sterbenden.

Michael als Schutzpatron

Michael ist der Schutzpatron …
der Ritter und Soldaten,
der Kaufleute und Bäcker,
der Waagenhersteller und Eicher,
der Apotheker und Drechsler,
der Schneider,
der Glaser, Maler und Vergolder,
der Blei- und Zinngießer,
der Bankangestellten und Radiomechaniker,
der Radiologen und auch der Sterbenden.

Michael wird angerufen um einen guten Tod und gegen Blitz und Unwetter.

Erzengel Michael (um 1400, Detail),
Andrej Rublow

Michael in der Kunst

Als Engel wird Michael mit Flügeln dargestellt, die meist aus weißen Federn bestehen.

Als Streiter gegen den bösen Drachen trägt er eine Ritterrüstung mit Helm, oft mit Schwert, auch Flammenschwert, mit einer Lanze oder einem Schild, auf dem die Worte stehen:

„Quis ut Deus? – Wer ist wie Gott?“

Als Sieger in diesem Kampf hält er eine Fahne hoch. Zusammen mit dem heiligen Georg wurde Michael zur Personifizierung des christlichen Ritterideals.

Als Gottes Bote trägt Michael oft liturgische Gewänder und hält einen Botenstab in der Hand.

Als Bannerträger des himmlischen Heeres hält er einen Kreuzstab oder eine Fahnenstange.

Als Repräsentant der himmlischen Welt hat er die Kosmoskugel als Attribut.

In Verbindung mit dem Jüngsten Gericht ruft Michael mit seiner Posaune die Toten aus den Gräbern.

Als Wächter vor dem Paradies, als Engel der Gerechtigkeit, hält er eine Waage, mit der er die Seelen der Verstorbenen wiegt. Wenn sie nicht für zu leicht befunden werden, wie es im Buch des Propheten Daniel (5,27) heißt, begleitet der Engel Michael – oft in einem langen Gewand – die Seligen ins Paradies.

Abb. links: Michaelsikone, Byzantinisches Museum, Athen

Der deutsche Michel
(Erste bekannte Abbildung, 1808)

Vermischtes

Der deutsche Michel

Hinter dem deutschen Michel steht eine reale Figur. 1574 wurde in Stromberg Johann Michael Elisa von Obentraut geboren. Im Dreißigjährigen Krieg wurde er Rittmeister im Dienst der Union. Er befehligte am Rhein gegen die Truppen des Erzherzogs Leopold von Österreich fünfhundert Reiter. Nach großen Erfolgen musste er sich jedoch am 25. Oktober 1625 bei Seelze an der Windmühle geschlagen geben. Sein Tod rief bei den Dänen große Bestürzung hervor. Sie einigten sich mit dem feindlichen Heerführer Tilly, den Verstorbenen gegen einen von ihnen gefangen genommenen Offizier auszutauschen. Am 17. Februar 1625 kam der Leichnam vor der Ihnenbrücke bei Hannover an und wurde den Dänen übergeben. Der tapfere Ritter erhielt später den Beinamen „der deutsche Michel“.

Der deutsche Michel blieb im Gedächtnis als ein Beispiel von Tapferkeit und Mut. Er wurde als treuherziger Mann in mittleren Jahren, mit großen Augen, blondem Haar und einer Zipfelmütze dargestellt.

Durch die Französische Revolution (1789-99) wurde der „deutsche Michel“ zur Spottfigur, zur Karikatur. Der deutsche Michel ist heute eine Bezeichnung für einen unpolitischen, weltfremden, etwas schlafmützigen Deutschen, den man leicht hinters Licht führen kann.

Michael/Michaela in Literatur und Musik

1965 erschien der weltberühmte Song der Beatles „Michelle“. Aus einem kurzen, textlosen Fragment, von McCartney „dahingeklimpert“, entstand einer der harmonisch reichhaltigsten Songs der Beatles. Eine Französischlehrerin half ihnen beim Text.

In George Bizets Oper „Carmen“ spielt Micaela die Gegenfigur zur Titelheldin.

Ina Seidel veröffentlichte 1959 ihren Roman „Michaela“.

„Michael Kohlhaas“ lautet der Titel einer 1810 erschienenen Novelle von Heinrich Kleist. Die Hauptfigur, der Pferdehändler Michael Kohlhaas, kämpft mit Entschlossenheit für die Wiedergutmachtung eines geringfügigen Unrechts.

Von Gerhart Hauptmann stammt das Drama „Michael Kramer“ (1900), von Riccarda Huch der Roman „Michael Unger“ (1913).

Nach Michael sind ferner benannt …

– der St. Michaels-Bund, der älteste Büchereiverband Bayerns,

– die Kongregation vom hl. Erzengel Michael („Michaeliten"), Anfang des 20. Jahrhunderts in Polen gegründet für die Jugendfürsorge,

– die Evangelische Michaelsbruderschaft, die 1931 in Marburg entstand. Ihr Ziel ist die Einheit und Erneuerung der Kirche sowie das Leben in verbindlicher Gemeinschaft.

– Ob „Mickey Mouse" mit Michael zusammenhängt, weiß man nicht. Ihren Namen bekam Walt Disneys weltberühmte Figur von dessen Frau.

… und zuletzt ein Michaelswitz

„Mein Michael ist ein Engel!", sagt Frau Maier. Darauf Frau Schulze: „Meiner lebt noch …"

Zur Vertiefung

HEILIG

Heilig sein, heilig werden ist ein Wort, mit dem wir uns heute schwer tun. Wir möchten lieber „normal", Mensch bleiben. Und doch haben wir vielleicht manchmal eine Sehnsucht verspürt nach heiligen Menschen. Oder es ging uns der Gedanke durch den Kopf: Der andere bräuchte an seiner Seite nicht mich, sondern einen Heiligen.

Was meint das Wort „heilig"? Zunächst sagt es etwas darüber, wie Gott ist. Er ist der ganz Andere. Aber nicht der unzugänglich Fremde. Er hat seinen Sohn auf die Welt geschickt, damit wir an einem Menschen sehen, hören und berühren können, wie Gott ist. Jesus Christus war der Heilige Gottes. Er hat die Menschen als seine Schwestern und Brüder angenommen (erlöst). Daher gehören sie zu Gottes heiligem Volk. So nannte man Jesu Jüngerinnen und Jünger zunächst die „Heiligen". Erst später kam die Bezeichnung „Christen" auf.

Heilige Menschen

Auf die Frage „Wer ist ein Heiliger?" antwortete ein Kind: „Einer, der ein Herz für Gott hat."

Heilige sind nicht Menschen, die immer alles gut gemacht haben. Auch sie hatten ihre Schwächen und Fehler. Aber sie haben nie aufgehört, daran zu glauben, dass Gott ihnen verzeihen wird. Darin besteht die Größe der Heiligen, dass sie nicht mutlos geworden sind, sondern immer wieder neu angefangen haben, für Gott und für die Menschen da zu sein.

Viele Religionen verehren Menschen, die „ein Herz für Gott" hatten, die ihm besonders nahe standen oder ein vorbildliches Leben führten.

Im Christentum wurden zuerst die Menschen verehrt, die für Jesus oder ihre Mitmenschen das Leben hingaben. Sie heißen Märtyrer, vom griechischen Wort mártys (= Zeuge, Blutzeuge). Die erste öffentliche Verehrung eines Heiligen, die wir kennen, geht zurück auf die Zeit um das Jahr 160. Nach dem Tod des Märtyrers Polykarp versammelten sich an seinem Grab die Christen, um seines Lebens und Sterbens zu gedenken. Als die Christen im Römischen Reich nicht mehr verfolgt wurden, hat man in den Kreis der Heiligen auch „unblutige Märtyrer" aufgenommen, also Menschen, die sich bemühten, treu und entschieden nach dem Wort Gottes zu leben. Der erste Nicht-Märtyrer, der in der abendländischen Kirche als Heiliger verehrt wurde, ist Martin, der Bischof von Tours.

Heiligsprechung

Niemand weiß, wie viele Heilige es gibt. Weder wie viele einmal gelebt haben, noch wie viele heute unerkannt unter uns leben. Von diesen unzähligen Heiligen werden in der katholischen Kirche einige ausgewählt, so dass sie öffentlich verehrt werden dürfen. Sie werden in ein Verzeichnis aufgenommen, in einen „Canon". Von diesem lateinischen Wort kommt auch das Fachwort für eine Heiligsprechung: „Kanonisation". Das Verfahren ist seit dem Jahr 1234 genau geregelt. Es beginnt damit, dass eine Diözese oder ein Orden jemanden, der vorbildlich gelebt hat, bei einer Behörde im Vatikan zur Heiligsprechung vorschlägt. Wie bei einem gerichtlichen Prozess wird dann geprüft, ob der Vorgeschlagene auf heroische Weise Christus nachgefolgt ist und ob er nach seinem Tod von den Gläubigen verehrt wurde. Für eine Heiligsprechung muss außerdem nachgewiesen werden, dass auf seine Fürsprache ein Wunder geschehen ist. Wenn die vatikanische Kongregation zu einem positiven Urteil kommt, schlägt sie dem Papst die Heiligsprechung vor.

Als erste Heiligsprechung durch einen Papst gilt ein Schreiben von Papst Johannes XV. aus dem Jahr 993, das gestattete, den zwanzig Jahre zuvor verstorbenen Bischof Ulrich von Augsburg öffentlich zu verehren. Vorher geschah die Anerkennung eines Menschen als Heiligen durch die Verehrung der Christen. Man baute über dem Grab eines heiligmäßigen Menschen eine Kirche oder Kapelle und bat den Bischof oder eine regionale Synode um eine Bestätigung seiner Verehrung.

Als Ignatius von Antiochien im römischen Kolosseum von wilden Tieren angefallen und zerfleischt worden war, kamen Christen und sammelten seine Knochen und trugen sie in die heutige Kirche San Clemente. Die „Erhebung" oder „Übertragung" der Gebeine durch einen Bischof, das war die Heiligsprechung des Mittelalters. Sie ist auch heute noch ein wichtiger Akt bei der Heiligsprechung.

Seit dem späten Mittelalter unterscheidet man zwischen Heiligen und „Seligen“. Heute werden als Selige die Christen bezeichnet, die vom Papst nicht der weltweiten Kirche zur Verehrung vorgeschlagen werden, sondern nur für eine bestimmte Region oder eine bestimmte Gemeinschaft.

Die Heiligen als Fürsprecher

Schon sehr früh waren Christen überzeugt, dass die Märtyrer Freunde Gottes sind und deshalb bei Gott ein besonderes Gehör finden für ihre Anliegen und Sorgen. Ein Graffito unter der römischen Kirche Sankt Sebastian ist das älteste Zeugnis dafür, dass Heilige um ihre Fürsprache bei Gott angerufen wurden. Es heißt: Petrus und Paulus, bittet für uns!

Heilige Menschen um ihre Fürbitte anrufen ist kein frommer Instanzenweg, sondern drückt den christlichen Glauben aus, dass die Verstorbenen leben und mit uns eine Gemeinschaft bilden: Ob im Himmel oder auf Erden, wir gehören zum einen Volk Gottes.

Die Reformatoren haben sich deutlich gegen die Missbräuche der Heiligenverehrung zu ihrer Zeit ausgesprochen. Aber sie haben daran festgehalten, dass Christen in der „Wolke der Zeugen“ geehrt werden können, damit wir uns an ihrem Beispiel orientieren können. Martin Luther schrieb: „Wir wehren nicht, dass man die Heiligen groß halte und lobe, aber wir unterscheiden es so, dass Christus sein Recht bewahrt.“

Heilige als Schutzpatrone

Das lateinische Wort „patronus“ bedeutet Schutzherr. Der Patron vertrat vor Gericht die Leute, für die er verantwortlich war. Später wurde der Begriff Patron ausgeweitet und für einflussreiche Menschen gebraucht, die sich fürsorglich für andere einsetzten. Seit dem 4. Jahrhundert wurde von Christen der Begriff Patron auf die verehrten Märtyrer angewandt. So nennt Papst Leo der Große die Apostel Petrus und Paulus die Patrone Roms.

Im Mittelalter wählten sich einzelne Gruppen, Stände oder Berufe eine Heilige oder einen Heiligen, die ihnen nahe standen, zum Schutzpatron. So entstanden die Schutzpatrone der Zünfte, der

Ritter, der Bauern usw. Diese sollten vor Schaden bewahren, wie der heilige Florian vor Feuerschäden, oder sie sollten in bestimmten Nöten bei Gott für die Menschen eintreten, wie der heilige Antonius, wenn man etwas verloren hat.

In der Neuzeit wurden von den Päpsten einige Heilige zu Schutzpatronen erklärt: Kamillus von Lellis für alle, die Kranke pflegen; der Pfarrer von Ars für die Seelsorger; Therese von Lisieux für die Mission und viele andere mehr.

Seit dem 2. Jahrhundert feierten Christen die Eucharistie an den Gräbern von Märtyrern. Wo das nicht möglich war, wurden Gebeine oder andere Reliquien in die neuen Gotteshäuser übertragen. So entstand der Brauch, jede Kirche unter den Schutz eines Heiligen zu stellen und jährlich das Fest des Kirchenpatrons (Patrozinium genannt) zu feiern.

Micaela Micaele

Michi

Michaele Michaeline

Michèle

Michelle

Micheline

Michaela

Michelina

Mikaela

Mike Micky

Mihala Mihaela Michalina